AF324536

13. janvier 1776.

ORDONNANCE DU ROI,

Portant Amniſtie générale en faveur des Soldats qui ont déſerté des Troupes de Sa Majeſté, employées au ſervice de la Marine & des Colonies : Et qui établit de nouvelles peines contre les Déſerteurs.

Du 13 Janvier 1776.

DE PAR LE ROI.

SA MAJESTÉ ayant par ſon Ordonnance du 12 décembre 1775, accordé une amniſtie générale & ſans condition, en faveur des Soldats, Cavaliers, Dragons & Huſſards, déſerteurs de ſes Troupes de terre ; & modéré les peines portées contre ceux qui déſer-

A

teront à l'avenir, Elle a bien voulu étendre cet acte de sa bonté & de sa justice, aux Soldats déserteurs de ses Troupes de la Marine & des Colonies; & en conséquence, Elle a ordonné & ordonne ce qui suit:

ARTICLE PREMIER.

Amnistie générale. SA MAJESTÉ quitte, remet & pardonne le crime de Désertion, commis, savoir; par les Soldats de ses Troupes de la Marine, & par ceux destinés au service de ses Colonies, étant dans les dépôts en France, avant le 1.er Janvier 1776; & par ceux des Troupes des Colonies y servant actuellement, avant le jour de la publication de la présente Ordonnance à la tête desdites Troupes, soit que lesdits Soldats aient passé de ces Troupes dans d'autres Corps, qu'ils se soient retirés dans les provinces du royaume & dans les Colonies françoises, ou qu'ils aient passé dans le pays étranger pour y servir: Défendant Sa Majesté à tous Officiers & autres ses sujets, de les inquiéter pour raison dudit crime de désertion, ni de les obliger, sous quelque prétexte que ce puisse être, à rentrer dans les Troupes d'où ils auront déserté; sans que la présente amnistie puisse s'étendre à ceux qui se trouveront avoir déserté depuis les époques ci-dessus fixées; & à condition que ceux qui sont en pays étranger, reviendront dans l'espace de deux ans, à compter desdites époques, dans les terres de la domination de Sa Majesté, à peine d'être déchus de la présente amnistie.

L'intention de Sa Majesté est que les Soldats desdites Troupes, qui sont absens sur des congés de semestre ou des permissions, datés en France depuis le 1.er Juillet 1775, ou sur de pareils congés de semestre ou permissions, délivrés dans les Colonies, & dont le terme n'est point encore expiré, ne puissent se dispenser de rejoindre lesdites Troupes, sous prétexte de l'amnistie.

Veut & entend pareillement Sa Majesté, que les Soldats desdites Troupes qui après avoir déserté, se sont engagés

13. janvier 1776.

3

dans d'autres Corps, foit de terre ou de mer, ou au fervice des Colonies, y continuent leur fervice jufqu'à l'expiration des engagemens qu'ils y ont contractés, fans qu'ils puiffent fe prétendre difpenfés de fatisfaire auxdits engagemens, en vertu de la préfente amniftie.

Déferteurs engagés, tenus de continuer leurs fervices.

2.

SA MAJESTÉ autorife les Commandans & Officiers de fes Troupes, à admettre dans les régimens, les Déferteurs, qui ayant profité de l'amniftie, fe préfenteront volontairement pour y fervir comme de bons & fidèles fujets.

Déferteurs admis à fervir.

3.

VEUT Sa Majefté qu'à l'avenir & à compter des époques ci-deffus fixées, le crime de défertion des Soldats des troupes de la Marine & des Colonies, foit diftingué, fuivant les différens cas énoncés dans l'Ordonnance du 12 décembre 1775, qui feront ci-après rappelés, & que lefdits Déferteurs foient condamnés par le Confeil de guerre aux peines proportionnées à l'énormité de leur crime, réglées par ladite Ordonnance ; à la différence que lefdits Déferteurs, au lieu d'être attachés aux chaînes des Forçats de terre, nouvellement établies, le feront pour le temps fixé aux chaînes de Forçats qui font établies dans les ports de Breft, Toulon & Rochefort : Ordonne Sa Majefté que lefdits Déferteurs, une fois attachés à la chaîne, foient foumis à la police, difcipline & juftice établies pour les autres Forçats fervant dans fes ports & arfenaux de Marine.

Cas de défertion, déformais diftingués.

Déferteurs attachés aux chaînes de Forçats de la Marine.

Veut feulement Sa Majefté que pour qu'ils ne foient point confondus avec les autres Forçats, ils foient habillés comme les Forçats de terre ; que lorfqu'ils s'évaderont, au lieu d'être condamnés à fervir à perpétuité comme les autres Forçats, ils ne foient condamnés, par des jugemens dans la forme ufitée, qu'à refter à la chaîne le double du temps porté par le premier jugement ; & que lorfqu'ils feront libérés à l'expiration du temps pour lequel ils auront été condamnés, il leur soit expédié une cartouche rouge contenant le motif de leur condamnation, & portant permiffion de fe retirer où bon leur femblera, pourvu que ce foit à la diftance de dix lieues de la ville de Paris, des endroits où réfide Sa Majefté & des arfenaux de Marine où font détenus les Forçats.

4.

Déferteurs à l'Ennemi, en temps de guerre.

LES Soldats des troupes de la Marine & des Colonies, qui auront déferté à l'Ennemi en temps de guerre, foit de l'armée, foit d'un pofte avancé, foit d'une ville ou Colonie affiégée, qui auront quitté les vaiffeaux du Roi pour paffer fur ceux de l'Ennemi, feront pendus jufqu'à ce que mort s'enfuive.

5.

Déferteurs après avoir volé.

CEUX qui auront déferté après avoir volé le prêt ou dérobé des effets à la chambrée ou ailleurs, feront condamnés aux galères à perpétuité.

6.

Déferteurs à l'Étranger, en temps de paix.

CEUX qui auront déferté à l'Étranger, en temps de paix, qui auront quitté les vaiffeaux de Sa Majefté ou bâtimens de tranfport dans les rades & ports Étrangers, feront condamnés pour trente ans à être attachés aux chaînes de Forçats établies dans les ports & arfenaux de Marine.

Comment reconnus tels.

Seront réputés Déferteurs à l'Étranger, tous ceux qui, partant d'un port ou dépôt, feront arrêtés à trente lieues des frontières, s'acheminant vers lefdites frontières ; bien que le lieu de leur naiffance ou domicile foit fitué entre celui où ils feront arrêtés & le pays étranger.

Seront auffi réputés Déferteurs à l'Étranger, ceux qui feront trouvés embarqués ou s'embarquant fur des navires étrangers, & même fur des navires françois deftinés pour le pays étranger.

13. Janvier 1776.

7.

CEUX qui auront déserté en faction, étant de garde, ou escaladant les remparts, ou qui auront quitté les vaisseaux & autres bâtimens sur lesquels ils seront armés après que la revue aura été passée, seront condamnés à la chaîne pour vingt-cinq ans.

Déserteurs en faction, ou des vaisseaux armés.

8.

CEUX qui auront déserté après avoir débauché un ou plusieurs de leurs camarades, seront condamnés à la chaîne pour vingt ans; & si c'est pour le pays étranger qu'ils ont déserté & fait déserter leurs camarades, ils seront condamnés à ladite peine pour la vie.

Déserteurs embaucheurs, &c.

Sa Majesté décharge des peines par eux encourues, les Soldats, ainsi débauchés, qui dénonceront le complot dans l'espace de vingt-quatre heures, à compter de celle où il aura été exécuté; & s'ils parviennent à en faire arrêter l'auteur, Elle autorise le Commandant du Corps à leur faire délivrer sur le champ une gratification de deux cents livres, ainsi que leur congé absolu; laquelle gratification sera prise sur les deniers de la Caisse du Corps, & remboursée à ladite Caisse par le Trésorier de la Marine & des Colonies, sur l'ordre du Secré-taire d'État ayant le département de la Marine.

Décharge de peines aux Soldats embauchés, qui dénonceront le complot; Récompense s'ils en font arrêter l'auteur.

9.

TOUT Déserteur emportant ses armes, sera condamné à la chaîne pour quinze ans.

Déserteurs avec leurs armes.

10.

CELUI qui aura déserté de plusieurs régimens ou autres Corps, sera condamné à la chaîne pour douze ans.

Déserteurs de plusieurs Corps.

11.

CELUI qui après avoir déserté, sera reconnu engagé dans un autre Corps, sera condamné à la chaîne pour dix ans.

Déserteurs engagés dans d'autres corps.

12.

CELUI qui ayant déserté ne se sera point rengagé & sera demeuré dans les États & Colonies de Sa Majesté, sera condamné à la chaîne pour huit ans.

13.

TOUT Soldat de recrue qui n'aura pas joint le Corps pour lequel il se sera engagé, & qui contractera un engagement pour un autre Corps, bien qu'il n'ait pas joint ce dernier Corps, sera condamné à la chaîne pour six ans.

14.

TOUT Soldat, qui absent sur un congé de semestre, n'aura pas rejoint après l'expiration dudit congé, sera condamné à une prolongation de service de deux années pour chaque mois qu'il aura différé de rejoindre; à moins qu'il ne soit en état de justifier, par certificats authentiques, de Médecins & Chirurgiens, dont le contenu sera attesté véritable, par deux Chevaliers de Saint-Louis ou Gentilshommes du lieu de son domicile, ou du lieu où il sera tombé malade en route, & par l'Officier de Maréchaussée du district dont ledit lieu sera partie, qu'il s'est trouvé hors d'état de rejoindre, pour cause de maladie, blessures ou infirmités, qui n'ont pas permis son retour; auxquels certificats les Commandans & Officiers auront les égards dûs & raisonnables; à l'effet de dispenser, s'il y a lieu, lesdits Soldats, des prolongations de service ci-dessus ordonnées. Défend expressément Sa Majesté auxdits Officiers d'avoir égard aux empêchemens de rejoindre, d'autre nature que ceux causés par maladies ou infirmités; attendu que lorsque les Soldats étant en semestre, auront des affaires essentielles à terminer, ils pourront faire la demande d'une prolongation de congé, pour laquelle ils seront tenus de s'adresser au Secrétaire d'État ayant

15. janvier 1776

7

le département de la Marine, pour les Corps qui feront dans les Colonies, & aux États-majors pour les Corps qui feront en France. Déclare Sa Majesté, Déserteurs desdites Troupes, & punissables comme tels, lesdits Soldats, qui n'auront pas rejoint leurs Corps, dans l'espace de quatre mois, à compter du jour de l'expiration de leurs congés de semestre; & ordonne qu'ils soient condamnés à la chaîne pour huit ans.

Comme au surplus l'intention de Sa Majesté n'est point que lesdits Soldats, diffèrent impunément de rejoindre pendant le premier mois; Elle veut & entend qu'à leur arrivée aux Corps, ils soient mis en prison pour autant de jours qu'ils auront différé de s'y rendre.

Au moyen des punitions établies par le présent article, Sa Majesté déclare qu'Elle ne fera plus sommer les Soldats de rejoindre leurs corps; & que les Maréchaussées ne feront plus employées qu'aux recherches, captures & conduites des Déserteurs.

Les Soldats ne feront plus sommés de rejoindre.

15.

Tout Soldat, qui dans la vue de déserter, ou par quelqu'autre raison que ce puisse être, aura donné un faux signalement lors de son engagement, sera condamné à la chaîne pour cinq ans; & ceux qui étant actuellement dans ce cas, n'auront pas, dans le délai de quinze jours, à compter de celui de la publication de la présente Ordonnance, fait la déclaration de leurs vrais noms & lieux de naissance, pour être rétablis sur les contrôles des Corps où ils servent, feront à l'expiration dudit délai, jugés conformément à ce qui est ci-dessus ordonné.

Soldats ayant donné de faux signalemens en s'engageant.

16.

Les Soldats de recrue qui n'auront pas joint les Corps des troupes de la Marine ou dépôts de celles des Colonies pour lesquels ils se feront engagés, dans le délai qui leur sera prescrit par les Officiers, bas Officiers & Soldats recruteurs,

Soldats de recrue n'ayant pas joint au temps fixé.

feront condamnés à une année de prolongation de service, pour chaque mois qu'ils auront différé de joindre ; & ils subiront la peine de prison pour autant de jours qu'ils auront retardé dans le premier mois, conformément à ce qui est prescrit par l'article 14. Et pour constater le temps précis auquel lesdits Soldats de recrue seront tenus de joindre leurs Corps, Sa Majesté enjoint aux Officiers, bas Officiers & Soldats qui les auront engagés, de faire mention sur les engagemens, du jour auquel ils devront arriver auxdits Corps, après avoir calculé le nombre de ceux qui leur seront nécessaires pour s'y rendre : Ils délivreront en même temps auxdits Soldats de recrue, des routes indicatives des villes & lieux par lesquels ils devront passer pour se rendre auxdits Corps ou Dépôts, & des jours auxquels ils pourront arriver dans ces villes ; fixant ceux d'arrivée, conformément aux mentions qui en seront faites sur les engagemens.

Précautions à prendre par les Recruteurs, pour fixer les jours d'arrivée aux Corps.

Ordonne Sa Majesté que les Soldats de recrue qui n'auront pas joint, au bout de quatre mois, les Corps ou Dépôts pour lesquels ils se seront engagés, soient arrêtés par-tout où ils se trouveront, & condamnés par les Conseils de guerre à la chaîne pour quatre ans, après toutefois que lesdits Conseils de guerre auront constaté la validité de leurs engagemens.

17.

Soldats tentant de déserter, jugés comme Déserteurs.

SERONT jugés comme Déserteurs & condamnés à la peine portée par l'article 12 de la présente Ordonnance, les Soldats qui seront arrêtés au-delà des limites fixées dans les garnisons par les bans battus, ou qui seront surpris dans les places & quartiers, & à bord des vaisseaux, ayant formé le dessein de déserter & tentant de l'exécuter, soit en disposant des cordes ou échelles à l'aide desquelles ils chercheroient à escalader les remparts, soit en s'emparant des chaloupes ou canots, soit en se déguisant, soit de toute autre manière qui constate la volonté

9

de déferter; de même que ceux qui dans les marches, feroient trouvés à une demi-lieue à droite ou à gauche des routes que tiendront leurs Corps ou détachemens.

18.

S'il arrivoit qu'un Fourrier ou Sergent, défertât ou différât de rejoindre, il feroit, dans tous les cas, où la peine de la chaîne eft prononcée, condamné par le Confeil de guerre à y être attaché pour le temps fixé fuivant lefdits cas, & moitié dudit temps en fus; & à l'égard des bas Officiers des grades au-deffous, qui auroient pareillement déferté ou différé de rejoindre, ils feroient condamnés à la chaîne, relativement aux différens cas dans lefquels ils fe trouveroient, pour un temps du tiers plus long que celui affecté audit cas.

Peines contre les bas Officiers Déferteurs.

19.

Sa Majesté convaincue que la défertion de fes Troupes eft prefque toujours l'effet d'une inconftance que fuit le plus prompt repentir, accorde trois jours de regrets aux Déferteurs qui auront le bonheur de fentir la honte & l'énormité de leur crime; & s'ils reviennent volontairement à leurs Corps dans l'efpace de ces trois jours, qui compteront du moment où lefdits Déferteurs auront manqué à l'appel, Sa Majefté veut qu'ils ne foient punis que de quinze jours de prifon: N'entend cependant Sa Majefté, que les Déferteurs mentionnés en l'art. 4, foient admis à profiter de la grâce du retour volontaire.

Trois jours accordés aux Déferteurs pour le retour volontaire.

20.

Les procès feront inftruits par contumace, aux Déferteurs qui n'auront pu être arrêtés, ainfi qu'aux Soldats, qui ayant eu des congés de Semeftre, n'auront pas rejoint leurs Corps; & ce par les ordres des Commandans de la Marine & des Colonies: favoir, dans le premier cas, après l'expiation des

Jugemens par contumace & contradictoires.

trois jours accordés par Sa Majesté pour le retour volontaire; & dans le second immédiatement après l'expiration des quatre mois qu'Elle a fixés aux Soldats semestriers pour rejoindre leurs Corps, sans encourir les peines prononcées contre les Déserteurs. Les Jugemens par contumace, rendus en conséquence par les Conseils de guerre, seront adressés, comme par le passé, au Secrétaire d'État de la Marine, afin qu'il ordonne la recherche des condamnés; lesquels étant arrêtés, seront conduits à leurs Corps, pour y être jugés contradictoirement, & subir aussitôt après les peines prononcées contr'eux.

21.

Injonctions aux Maréchaussées pour les recherches & captures des Déserteurs.

ORDONNE Sa Majesté, & enjoint de la manière la plus expresse, aux Officiers, bas Officiers & Cavaliers de Maréchaussées, de faire les recherches les plus exactes des Déserteurs des troupes de la Marine & des Colonies, dans les auberges, cabarets & lieux publics des villes, bourgs, villages, hameaux, fermes, moulins, carrières & autres endroits de leurs districts; de les arrêter & conduire dans des prisons sûres; d'informer de leurs captures le Secrétaire d'État ayant le département de la Marine, & de lui donner pareillement avis des endroits privilégiés, châteaux, couvens, maisons & autres lieux où ils

Ordres pour les arrêter par-tout.

auroient pu découvrir que se seroient réfugiés des Déserteurs, afin que les ordres nécessaires pour les arrêter dans lesdits endroits, soient expédiés & envoyés auxdits Officiers de Maréchaussée; sauf le compte qui sera rendu à Sa Majesté, des noms des personnes qui auroient donné retraite auxdits Déserteurs, pour être par Elle pourvu à leur punition.

Gratification pour chaque capture.

Veut Sa Majesté qu'il soit payé sans délai, des fonds de la Marine & des Colonies, une gratification de cinquante livres aux Brigades de Maréchaussée, pour chaque capture de Déserteur, & ce indépendamment des frais de conduite aux Corps, lesquels leur seront remboursés des mêmes fonds; le tout sur les ordres du Secrétaire d'État de la Marine, & d'après

.I I

les procès-verbaux de captures, interrogatoires & preuves de désertion, qui lui feront adreſſés par les Prévôts généraux ou Lieutenans de Maréchauſſée.

Veut pareillement Sa Majeſté que dans le cas où il feroit prouvé qu'un ou pluſieurs Officiers & Cavaliers de Maréchauſſée, auroient eu connoiſſance d'un Déſerteur qu'ils n'auroient point arrêté, ayant été à portée de le faire, ils foient caſſés, de même que ceux qui, chargés de conduire un Déſerteur, l'auroient laiſſé évader. *Punitions pour ne les avoir point arrêtés.*

2 2.

DÉROGE Sa Majeſté à toutes les Ordonnances précédemment rendues, en ce qui eſt contraire aux diſpoſitions de la préſente, & notamment à celle du 26 décembre 1774, concernant les Bombardiers claſſés dans les ports de Breſt, Toulon & Rochefort, qui ordonne, titre I.ᵉʳ, article 15, que leſdits Bombardiers claſſés, feront, en cas de déſertion, condamnés aux galères perpétuelles; voulant que dans tous les cas ils foient jugés conformément à la préſente, & que même lorſqu'il n'y aura à prononcer que des condamnations à termes, ils ne foient condamnés que pour la moitié du temps fixé ſuivant leſdits cas. *Dérogation aux anciennes Ordonnances, & notamment à celle concernant les Bombardiers claſſés.*

MANDE & ordonne Sa Majeſté à Monſ. le Duc de Penthièvre, Amiral de France, aux Vice-amiraux, Lieutenans généraux, Intendans, Chefs-d'Eſcadres, Commiſſaires généraux, Ordonnateurs; aux Commandans généraux & particuliers dans ſes Colonies; aux Officiers de l'État-major de ſes Troupes de la Marine & des Colonies, aux Prévôts généraux de Maréchauſſée, & à tous autres Officiers & Juſticiers qu'il appartiendra, de tenir la main, chacun à ſon égard, à l'exacte exécution & obſervation de la préſente Ordonnance, laquelle Sa Majeſté veut être lûe & publiée à la tête des Corps qui feront à cet effet aſſemblés auſſi-tôt qu'elle ſera parvenue aux Commandans deſdits Corps, & de ſuite affichée par-tout où befoin fera, à ce que perfonne n'en ignore le contenu : Ordonne Sa Majefté aux Commiffaires de la Marine d'en faire lecture, à chacune de leurs revues, aux Troupes qui pafferont lefdites revues. FAIT à Verfailles le treize janvier mil fept cent foixante-feize. *Signé* LOUIS. *Et plus bas,* DE SARTINE.

LE DUC DE PENTHIÈVRE,

Amiral de France, Gouverneur & Lieutenant-général pour le Roi en fa province de Bretagne.

VU l'Ordonnance du Roi, ci-deffus & des autres parts, à nous adreffée : MANDONS à tous ceux fur qui notre pouvoir s'étend, de l'exécuter & faire exécuter fuivant fa forme & teneur. FAIT à Paris le dix-huit janvier mil fept cent foixante-feize. *Signé* L. J. M. DE BOURBON. *Et plus bas,* Par fon Alteffe féréniffime. *Signé* DE GRANDBOURG.

A PARIS,

DE L'IMPRIMERIE ROYALE.

M. DCCLXXVI.